LA MERIENDA

LA MERIENDA

ROSA SERRA SALA

Número de Control de la Biblioteca del Congreso de EE. UU.:   2020916672
ISBN: Tapa Dura   978-1-5065-3390-2
           Tapa Blanda   978-1-5065-3389-6
           Libro Electrónico   978-1-5065-3388-9

Asesoramiento lingüístico
www.doina.es
https://twitter.com/DOINASL
https://www.facebook.com/doina.htc

Tel. +34 93 879 26 66

Rosa Serra Sala
e-mail: **elquadernblaumari @gmail.com**
Instagram **@usedda**

Información de la imprenta disponible en la última página.

Fecha de revisión: 11/09/2020

Para realizar pedidos de este libro, contacte con:
Palibrio
1663 Liberty Drive
Suite 200
Bloomington, IN 47403
Gratis desde EE. UU. al 877.407.5847
Gratis desde México al 01.800.288.2243
Gratis desde España al 900.866.949
Desde otro país al +1.812.671.9757
Fax: 01.812.355.1576
ventas@palibrio.com
807901

ÍNDICE

A mis padres.
-Als meus pares-

AGRADECIMIENTOS

Una consideración especial a la cantante **Lídia Pujol,** por aceptar la participación en el libro con dos ilustraciones:

Son dos reliquias que se obsequiaron en los conciertos de la gira "Iter Luminis, un camino orientado" por distintos monasterios, durante 2017.

La bolsa de algodón que alberga el candil ha sido confeccionada en la fundación ARED que trabaja para la reinserción de mujeres desde hace 23 años a favor del acompañamiento social, formación ocupacional-profesional y la inserción laboral para conseguir progresar a una vida más libre, autónoma y feliz. Des de 2006 "Salta Empresa d'Inserció SLD" produce y comercializa productos textiles y de restauración.

El candil se confeccionó en el taller de cerámica de Sant Benet de Montserrat y lleva una mecha trenzada por las monjas del monasterio benedictino para que la lámpara pueda seguir ofreciendo luz.

Vida Levis elabora velas con cera de abeja seleccionada de apicultores locales, con el objetivo de ofrecer la máxima pureza en la materia primera y ofrecer una luz dulce que ofrece la naturaleza.

En el libro, ambas imágenes ocupan un lugar muy especial puesto que se encuentran, una en el capítulo El recreo, donde cuento las meriendas de mi infancia y era a través de una bolsa en la que mamá preparaba y guardaba, cada día, mi merienda. No es solo un recipiente sino una de las formas de la vida cotidiana de cuidar y proteger los padres a los hijos.

La otra, en el capítulo En el parque, el candil encendido es la imagen de la dedicación atenta, del que está presente. En el libro anticipa una narración en la que el cuidado es muy delicado y la luz rinde un pequeño homenaje a las personas que, cotidianamente dan; están siempre, apoyan. Es el amor incondicional.

A **Dolors Duran i Montserrat** por la donación de la fotografía del campamento Casa Nova del Montseny.

A **Maria Muntané Pujadas, 84 años,** por confeccionar las servilletas del servicio de mesa de chocolate.

A **Carme García Domene** por su atento apoyo.

A **Susana Sebé Dahetze** por el sabroso regalo del dulce de leche, que saboreamos durante su estancia en casa.

Una lectura instalada en la mirada poética es entonces la del lector que sabe que las palabras esconden mucho más de lo que dicen, porque esas palabras no se corresponden con la voz de su autor.

Fernando Bárcena

PRESENTACIÓN

Se abre el libro, como quien abre un abanico. Es una obra de papel formado por varias piezas que están engarzadas en el eje central: la pasión por la docencia y por la literatura; por la fotografía y los viajes. Vinculados a este centro surgen como rayos: relatos y cuentos; vidas vividas o soñadas; hallazgos y desencuentros. Cada uno mantiene su identidad. Y en el avance de la lectura se perciben sus paisajes pintados sobre papel o tela y, como el abanico, nos mantiene el aire nuevo, fresco y respiramos la atmósfera que ha conducido a su creación. Va más allá del espejo porque no refleja lo que ya somos sino que nos permite encontrar aquellos paisajes conocidos e identificarnos con algunas formas de vida vivida o transitada por otros. Bien sea a pie, en bicicleta o en tren se convierte en un viaje personal hasta un horizonte de ensueño.

La primera parte: La escuela. Lugar donde se vive el enlace entre la vida familiar y la creación de un grupo de amistades que formará nuestra generación.

El primer apartado: La merienda, se plantean algunas preguntas y algunas respuestas que, seguramente, el lector irá descubriendo en el libro o en su propia experiencia.

En el recreo, se cuentan las meriendas en mi niñez. Cada día, el pequeño ágape aparece como un tesorillo, dentro de una bolsita de algodón. Luego se cuenta la infancia desde distintos escenarios, los protagonistas que los habitan sucumben al encanto del paladar de una buena merienda. En el parque, el relato se acerca a la intimidad de la buena conversación entre Juanmi y su Abu al salir de la escuela, ante la alegría por un cuento nuevo. Adela, Andrea y sus papás reciben una buena noticia y los cuatro lo celebran con un sonoro dulzor, con choco late mejor.

En la segunda parte: La fascinación por las palabras. Cuando la letra e es más que una vocal nos acompaña en la experiencia lectora. Es un viaje que desea rondar por el alfabeto pero el viaje se detiene en la vocal *e* de Delibes y la del Centenario de su nacimiento.

Después, un viaje de la protagonista que habita entre sueños con el cielo por paisaje; la Luna como horizonte y segunda casa. En Serena y Selene, se realza la escritura como fuente que alimenta su sed.

Siguen los viajes con billete de vuelta al hogar. Esta vez hasta las tierras americanas. Unos, serán de la protagonista; otros, serán de Juan y Olga. Ambos cuentan la experiencia del viaje como aprendizaje y disfrute. Como un camino que enriquece la vida. El viaje como lujo, como necesidad: vivencias que se albergan en los equipajes.

El libro finaliza con el relato y la aventura del vecindario de una aldea marinera, que logra restablecer la adorable receta que María Isabel reclama; eso les dará pie a tomar su rica merendola. Sonreirán, bienhallados, entre las palabras imprescindibles, en una tarde feliz. En la conversación o su ausencia destacan la importancia de las palabras, fundamentales para la relación.

I PARTE

LA ESCUELA

Oh, infancia, oh fugitiva semejanza,
¿A dónde fue, a dónde?

Rainer M. Rilke

LA MERIENDA

Nací en casa el día cuatro de enero de mil novecientos cincuenta y seis. Fue un crudo invierno, durante el cual, los olivos murieron de frío y entre aquel helor y desasosiego de un mediodía adverso, mamá y yo nos alumbramos.

A los cuatro años nuestra familia había cambiado tres veces de domicilio pero no de hogar, porque nos mantuvimos unidos, habitados por el firme latido de seguir adelante. Viví en tres casas, de las que guardo un recuerdo nítido de situaciones concretas.

Nunca asistí a ninguna guardería y, cuando estaba a punto de cumplir los cinco, empezó mi vida escolar; porque hasta entonces mamá creyó que era demasiado pequeña para estar fuera de casa. Un día, poco tiempo después de empezar el curso, dije que de mayor quería ser maestra y ha sido la profesión a la que he dedicado treinta y nueve años de mi vida.

Después de obtener la Diplomatura en la Escuela Universitaria Blanquerna amplié mis estudios con la Licenciatura de Filología. Años después seguí con Pedagogía y obtuve el Doctorado. He disfrutado de mi trabajo y he concluido mi carrera profesional.

Este libro significa mirar con perspectiva y observar aquellos momentos de la niñez que fueron tan importantes para lo que después sería mi vida y también mi trabajo profesional. Un tiempo que releo en mi interior desde la ingravidez de lo ya vivido, cuyos límites se difuminan con la presentación realista del crecimiento.

Me gusta, darme cuenta, que los cinco años de la escuela primaria fueron fundamentales para mí. Han resultado imborrables por el ejercicio de responsabilidad, la calidad de la enseñanza y la pulcritud de las maestras María Brau Auferil y su hermana Teresina a las que agradezco su calidez y clara rectitud.

Asistir a su colegio fue un inmenso regalo y creo que forjó en mí el interés por aprender y por enseñar. Recuerdo que ir a la escuela me enriquecía. Aprendía el mundo y me lo llevaba a casa.

Después de esta presentación sutil, a modo de introducción, vamos a entrar en el libro para plantear algunos interrogantes. ¿Por qué *La merienda* ha podido ser un título tan motivador? Solo es un pequeño tentempié entre dos comidas copiosas y abundantes: la del mediodía y la de la noche, y ambas gozan de amplias guías culinarias para abastecer al personal con todo tipo de viandas y platos suculentos; en cambio, la merienda, no. Pero le dedico un libro entero porque este humilde momento alberga un sinfín de sorpresas. Tampoco es un manual culinario, tan de moda entre los chef, los concursos y mil variantes de recetarios. No…, contiene, a grandes rasgos, momentos en los que la vida se para un poquito y se mordisquea la merienda a bocados pequeños, entre una buena conversación.

¿Por qué, entonces, realzo este momento breve de acopio de energía a media tarde? Es solo una comida sencilla que, por no tener, ni dispone de horario específico. Tan solo es eso, una cita inocente, un ritual al que nos hemos acostumbrado desde la tierna infancia. Desde entonces, ahí siguen mis tardes. Cuando empecé a saborear lo que, para mí, luego han sido lujos minúsculos: un bizcocho tierno, un cruasán de mantequilla crujiente… pequeñas comidas que se han mantenido así, pequeñas, sin llegar a ser meriendas-cenas. No, no. Solo merienda y, ya está, pero que me han acompañado durante la vida, en distintos centros de estudio o lugares de trabajo.

Con el paso del tiempo y las nuevas tendencias gastronómicas, la merienda se ha convertido en barritas de chocolate con cereales o *snacks* dietéticos con frutas; pero, de momento, cada día, por ahí anda…

Como ocurre con los niños, que son grandes conversadores, el espíritu del juego es serio y la seriedad es al final solo un juego.

Michael Oakeshort.

EL RECREO

Las meriendas de mi infancia tienen distintos sabores, según la temporada. En verano, durante las vacaciones, jugaba en la calle con los chiquillos del vecindario. Mamá me llamaba, desde el portal; yo corría y dejaba la bicicleta apoyada en la pared de la entrada de casa y me sentaba en el escalón a comer, con el calor del verano en el rostro feliz. Era pan con aceite y azúcar, un día; pan con tomate y jamón dulce, otro; y, de postre, un melocotón de viña y unas cerezas. Lo devoraba hambrienta porque el juego se había llevado la comida del mediodía y aceptaba feliz el encuentro. Un vaso de agua fresca con sabor a poleo, solo un poquito, para que no se nos estropeara la digestión. Y así cada día de unos largos veranos sin calendario.

Después de las fiestas que cerraban las vacaciones, quedaban atrás aquellos días de luz, de solaz veraniego y juego para volver a la vida escolar.

Al llegar el otoño, y luego también en primavera, el recreo se hacía al aire libre. Acudía a una escuela que se encontraba en un edificio que había sido vivienda y tenía un amplio patio detrás de la casa, donde, en otros tiempos, se tendía la ropa y, ahora, albergaba la zona de juego: un espacio rodeado de paredes blancas y un antiguo lavadero lleno de tierra, que alrededor tenía macetas con geranios rojos. El suelo tenía cantos rodados redondeados que, al andar por encima de ellos, crujían; no había arena para no levantar polvareda y evitábamos así ensuciarnos los zapatos.

Por aquellos días, recuerdo comer pan con turrón de jijona, algo aceitoso, pero bien rico. Otras veces era un turrón de avellana y azúcar protegido por oblea blanca:

las avellanas eran crujientes, el azúcar un poquitín pegajoso y la oblea como un papel sin sabor alguno. Las niñas, en pequeños círculos espontáneos, tomábamos la merienda. He cultivado ese recuerdo durante toda mi vida.

A veces, se ponía de moda cantar canciones, marcando el ritmo con las manos y haciendo juegos bien coordinados, con pequeños gestos malabares; lo recuerdo con alegría, porque era bonito cantar y ver toda una fila de compañeras de clase, mayores, medianas y pequeñas, entonando canciones de forma espontánea; unas aprendiendo de las otras.

Cada día, después de comer, mamá preparaba la merienda y la ponía en una bolsita de algodón que se fruncía con un cordón a modo de asas para poder llevarla de la mano. Al llegar a la escuela, la maestra la recogía y la guardaba. Cuando era la hora, daba unas palmadas para avisar que íbamos al recreo. Entonces, nos levantábamos del taburete e íbamos saliendo por mesas, sin ruido, sin prisas. Abría la puerta de una alacena grande que estaba en el hueco de la escalera que subía al primer piso —al lado de la clase de las medianas—, encendía la luz y, a medida que pasábamos por delante, nos iba repartiendo a cada una su bolsa.

Lo bonito que recuerdo era el gesto: extendía un brazo y, con la mano, recogía la bolsa que estaba colgada por las asas de un cáncamo en la pared, la cambiaba de mano y nos la acercaba, alargando el otro brazo. Nosotras la tomábamos, siguiendo nuestro turno tranquilamente, e íbamos andando en fila mientras pasábamos por delante de una pila, donde nos podíamos lavar las manos. Aún recuerdo la seguridad con la que ella repartía a cada una lo que era suyo y, cuando veía a la maestra recoger e identificar lo que era de cada cual y entregarlo sin dudar, siempre pensaba ¿cómo se acuerda?

El último tramo de la sala terminaba en una puerta que, una vez abierta, nos permitía salir al patio. Cuando llegábamos al escalón que recibía el suelo de grava, nosotras ya teníamos la atención puesta en desfruncir el cordón para buscar con curiosidad y apetito lo que llevábamos. Nos lo enseñábamos las unas a las otras. Buscábamos en el fondo, mirando, como si fuese un regalo, lo que cada una tenía: pan con chocolate, con turrón, la oblea… Sacábamos la merendola y guardábamos la bolsita colgada en el brazo, mientras las apetitosas y sencillas comidas iban desapareciendo a pequeños bocaditos entre la alegre y cotidiana conversación.

Luego, volvíamos a la clase y terminábamos nuestro horario de tarde. Salíamos de la escuela saludando a la maestra que nos atendía, una a una, en la puerta, y nos veía avanzar, sin correr. Después de saludar, salíamos a la calle, subiendo un escalón que tenía una pieza de madera. Teníamos que vigilar de no pisar fuerte para que no retumbase, porque resultaba desagradable. Así fuimos educadas: un tiempo para trabajar y disfrutar, para valorar la limpieza y la discreción.

Era una escuela hecha a la medida de las niñas que tuvimos la inmensa suerte de poder asistir a ella. Las aulas eran pequeñas y las maestras cercanas. En su momento, canciones de navidad. En otro, flores en mayo.

Al salir, llegábamos a casa y teníamos los deberes que, normalmente, eran pasar a limpio el trabajo del día, repasar las tablas y estudiar la lección. Luego, la cena, el pijama y a la cama.

Al día siguiente, por la mañana, volvía a la escuela, acompañada de papá. Él llevaba la bicicleta y, en el manillar, había instalado una ganzúa para colgar mi maleta. Con cuidado, cruzábamos por debajo del puente del ferrocarril, puesto que era una calle con un pavimento roto y con abundantes charcos de agua.

Nos acercábamos a la plaza, donde había una fragua. El herrero, con el delantal de cuero, sujetaba la pata del caballo para calzarle la herradura. A un lado, había el fuego y el fuelle para animarlo. Cuando él le daba aire, la lumbre sacaba chispas. Nos estábamos un rato allí y papá recordaba su juventud mientras yo apreciaba, desde la niñez, un trabajo que el tiempo borraría de nuestra época y que ahora evoco con total lucidez.

Después, girábamos la esquina y lentamente nos íbamos acercando. Un poco antes de llegar, papá me daba la cartera. Me esperaba, hasta que yo entraba con las compañeras y, luego, él se iba a su trabajo, lo veía cruzar la calle con una mano en el sillín conducía la bicicleta y sonreía.

La escuela nos recibía con el saludo diario por la mañana, cuando la maestra nos daba la mano con firmeza y olor a limpio y decía nuestro nombre, una a una, al pie de la puerta. Entrábamos a nuestra clase y, sobre las mesas, estaban dispuestos nuestros cuadernos abiertos, con el trabajo preparado en las páginas para cada alumna, según su nivel de aprendizaje. Ahora evoco el recuerdo: entrar en la clase y ver las libretas con los ejercicios preparados; me doy cuenta del esfuerzo y de la dedicación que representaba para la maestra, que había dedicado su tiempo a deshora, a nuestro quehacer. Me llega toda la atención recibida, como el perfume de un aroma exquisito que, en su momento, apreciamos como tarea y del que ahora percibo el rigor y austera belleza. Y así empezaba una jornada en la que todo era orden y trabajo; aprendizaje y respeto. Dejábamos el abrigo en el colgador y nos poníamos una bata blanca. Era todo pulcritud. No recuerdo un mal día ni un momento difícil.

Pienso en las meriendas durante el invierno. Entonces, con frío o lluvia, no salíamos al recreo. Guardábamos los cuadernos bajo el cajón y, una vez todo despejado, extendíamos la servilleta. Recuerdo la mesa con cuatro colores distintos. Comíamos nuestro pequeño bocadillo y luego venía lo mejor. Abría la mandarina, después de mondarla y dejar la piel en la bolsa, ponía unos gajos como si fueran sillas – ¿sabes? – en sentido horizontal, como banquitos. Entonces, sentaba encima otros gajitos puestos en vertical y organizaba lo que sería una clase. Como si se tratase de muñecas; las levantaba y hacía que andaban, a saltitos y hablaban entre sí –jugaba- y, el final era cuando debíamos terminar la merienda y volver a la tarea.

Cuando escribo este relato, saboreo el pequeño y ácido sabor de la mandarina y el sentido del juego que no se abandona en ningún momento. Entonces, al abrigo de la escuela, no se extrañaba el recreo al aire libre. Nos sentíamos protegidas de la lluvia y el viento, *en una tarde parda y fría de invierno.*

Durante un tiempo, vino mi abuelo a recogerme por la tarde. Andaba con los brazos detrás de la espalda, y llevaba mi cartera que balanceaba a su paso. Lo miraba, mientras iba a su lado, contándole cosas. Algunas veces lo veía sonreír, por debajo de la nariz, con su gorra de plato y su cigarrillo que nunca abandonó. Otras, correteaba detrás de él, saltando un poco o entonando alguna cancioncilla aprendida de la radio. No duró demasiado, porque enfermó y falleció cuando aún era pequeña, pero el recuerdo de nuestros paseos late bien preciso. Recibo el eco de esta alegría con un abrazo intemporal.

En la escuela estudiábamos a partir de la Enciclopedia Álvarez. En el último curso de primaria, mi abuela vino a casa con el libro nuevo. Siempre había sido en blanco y negro como los demás libros. Recuerdo la sorpresa y la alegría de tomarlo en mis manos: ¡Era a todo color!

A los diez años, cambié a otro centro, más grande, más amplio. Era de Enseñanza Media. En aquella época, no merendábamos por la tarde. Teníamos el recreo por la mañana. Un timbre sonaba por todo el instituto. En el patio, jugábamos a saltar a la comba, a la goma, al balón. La merienda se tomaba al volver a casa, antes de los deberes.

Actualmente, el horario escolar ha cambiado, es más reducido y, a media tarde, las escuelas cierran y, por las calles, respiran familias que acompañan a sus hijos que meriendan andando por la acera, o yendo a la plaza más cercana. A veces, se ve un grupo sentado en un banco; otro en los que los niños juegan delante de los padres, con los compañeros; unos y otros en un tiempo feliz.

Estos intervalos se viven mientras se hace tiempo para seguir con las actividades extraescolares y se abren las escuelas de música, los polideportivos para el patinaje artístico, la asistencia a los grupos de lectura de la biblioteca o a clases de inglés.

Durante ese tiempo impreciso, surge un interrogante que sobrevuela el cielo como las golondrinas en primavera.

– ¿Cómo ha ido hoy la escuela?

Una pregunta magnífica, global, que abre la puerta al escenario privilegiado que es una jornada escolar. Entonces, padres, niños y niñas, hijos y nietos, hermanos mayores o *canguros* reciben de primera mano una información imponente. Entre el zumo que tiene un abre fácil que no es fácil y el bocadillo de sabroso jamón salado envuelto en papel de aluminio, llamado papel de plata, se relatan las experiencias, sobre todo de lo que más ha impactado.

Desde la felicitación de la maestra, el tropiezo en el patio, el enfado en la fuente, la rica comida del comedor escolar, el trabajo manual terminado, los deberes bien hechos o los deberes por hacer y…así.

EN EL PARQUE

Es una tarde otoñal, el viento se ha llevado las nubes y luce un magnífico cielo azul celeste. Manuel se ha acercado a la puerta de la escuela. Camina lentamente, llega con tiempo. Hace pocos años que dejó su trabajo. Una prejubilación que le fue como anillo al dedo porque fue cuando nació Juan Miguel, -Juanmi-. Enseguida destinó su tiempo a su hija y al cuidado de su nieto amado. El primero y único. Su vida empezó a girar a través de los horarios de aquel pequeño bebé que les llenó de luz.

Junto a la reja de la escuela se encuentran los familiares, siempre los mismos, siempre en el mismo lugar. Siempre cerca, pero siempre un poco lejos porque la salida de la escuela es como una corriente de aire que pasa. Se abren las puertas, y en silencio se esparce el rumor de los pasos de las familias sobre la arena del patio. Después, cada uno buscará al otro. Nadie entorpece el feliz encuentro de la tarde. Abu, como lo llama su nieto, se tiene que acercar un poco más a la puerta de la clase que da al patio; es el acuerdo al que llegaron con la maestra y es así cada tarde.

El timbre de la escuela le produce alegría porque sabe que Juanmi le espera. Luego, Mónica, la maestra, abre la puerta de la clase y reconoce a cada uno de los familiares, que se van acercando y los chiquillos corren a abrazar a mamá, a papá, a abuelitos o a *la canguro*; a veces, a algún hermano mayor. Bueno, lo de siempre.

Mónica dice adiós con una sonrisa, un hasta mañana. Se intercambian un saludo y a veces algún comentario. Aquella tarde, como siempre, Juanmi y ella bajan la rampa charlando. Mientras el abuelo se acerca. Hay un cruce de manos que aseguran el paso firme de Juanmi al dejar el hormigón del suelo por la arena. La voz alegre de Manuel le saluda:

– ¡Hola súper Juanmi!

A lo que él, sonriendo, responde:

– ¡Hola súper Abu!

–Buenas tardes, Mónica. ¿Todo bien?

–Sí. Hasta mañana.

La merienda huele de maravilla: un bocadillo de pan con chocolate y un zumo. Mientras Juanmi explora el *bocata,* como él lo llama, Miguel se fija en las caras nuevas que ve en el patio. Ve a dos señoras, una mayor y otra más joven, y entre ambas se balancea una niña inocente y juguetona, bien protegida, que ríe feliz. Los dos abuelos se miran un momento y cada uno vuelve al nieto que le tiene ocupado. A su lado camina una familia que brilla de mil colores con una sonrisa, tan alegre como el maravilloso destello de sus vestidos.

Abu y Juanmi se dirigen a la puerta de salida de la escuela que da directamente a un parque infantil, rodeado de pinos y encinas. Mientras el pequeñín mordisquea la merienda, dice a Abu:

– ¿Sabes qué?

–Esta mañana nos han contado un cuento que habla de una sirena. Después, hemos salido a jugar al patio y, durante el recreo, Mónica nos ha enseñado un juego nuevo.

– ¿Cuál?

–Pues uno en el que andamos por el patio todos cogidos de la mano. Raúl y Fátima, Kadjatou y yo. Bueno la llamamos Kadi, es más rápido

–Y, ¿de qué va?

–Tenemos que correr entre las ruedas grandotas que hay en la zona de juego:

–Ahora recto –decía.

–Ahora en zigzag–ahora.

–Venga a saltos con los dos pies, con uno solo…

–A Kadi le encanta esconderse y hacer cucú hasta que descubre que todos están ahí y se ríe.

Después, nos hemos sentado para el desayuno y ¿sabes qué, Abu? Raúl dice que se acercan palomas y vienen a comer migajas de pan y de galletas de nuestro desayuno. Y, después, hemos ido a perseguirlas, pero nada. Cuando queremos acercarnos, ellas levantan el vuelo y se van.

–Míralas, ellas. ¡Qué golosas y espabiladas!

– ¿Dónde?

–No, cariño, es una manera de decir que son unas espabiladas.

Después, ha venido Mónica y nos ha acompañado a la fuente para lavarnos las manos y beber un poco de agua.

–Raúl dice que Kadi corre dando saltitos.

–Debe parecer un gorrión.

–No lo sé. ¿Qué es un gorrión, Abu?

–Un gorrión es un pajarillo que siempre anda picoteando de un lado para otro, come de todo y se acerca mucho. A veces me he fijado que bebe agua de los charquitos después de la lluvia.

–Vale –afirma Juanmi- ladeando la cabeza.

–Bueno. Hemos jugado muy bien.

Sabes que a las sirenas les gusta mucho el mar y acercarse a la arena hasta que llega donde rompen las olas y entonces chapotean un poco con la espuma del agua y, si le llegan pequeñas gotitas a la cara; se ríen muchísimo; son mitad chica y mitad pez.

Recogen las piedrecillas de la arena de la playa, las que brillan como si fueran pepitas de oro, porque son mágicas.

– ¿Qué son pepitas de oro, Abu?

–Son como granitos de arroz que brillan como si fueran rayos de sol que te hacen cosquillas cuando te llegan a la cara.

– ¡Ah!

Fátima ha contado que a ella, cuando va al mar, también le gusta jugar con el cubo, la pala y regar la arena con la regadera y moverla con los juguetes de playa.

A Raúl le gustan las cosquillas.

—Como a mí, Abu. Ja ja ja.

—Ay, juguetón que te haré cosquillas.

—Yo no he jugado nunca a cucú, Abu. ¿Es divertido?

—Sí. Yo jugaba a cucú con tu madre cuando era pequeña.

A Miguel se le nubla la vista y, con un pañuelo del bolsillo, se seca los ojos llenos de lágrimas.

— ¿Qué te pasa, Abu?

—Estoy un poco resfriado, Juanmi, no es nada. Sigue con la historia, chico valiente.

— ¡Salud!

—Después del patio, hemos ido a trabajar a nuestro palacio: «LA CLASE DE LOS AR-TRIS-TRAS». Cogidos de la mano, de dos en dos. Federico nos esperaba en la puerta. Es nuestro maestro mágico. Nos ha explicado que hoy pintaremos con la hoja sobre un atril para que no forcemos cabeza y la espalda.

—Estupendo.

—Sabes, Abu, he hecho un retrato con plastilina.

— ¿Cómo ha ido?

–Bien. Federico me ha contado que la cara de sirena es redonda y, con las manos, hemos bordeado un plato; los ojos azules como el mar y hemos presionado las burbujas del plástico; la nariz pequeña como un garbancito; y la boca roja de golosina y me he comido una chuchería. Cuando balancea la cabecita de un lado a otro, su cabellera se mueve; luego hemos jugado con muñecas, haciendo así, -fuu, fuu-como si hiciera viento.

–Mira Abu, ahora te cuento.

Juanmi primero dibuja en el aire: cara de luna, ojos de cielo, nariz de botón, boca de fresa dulce, cabello dorado y risa de caramelo.

Mientras Juanmi va relatando cómo es la cara, acaricia el rostro de Abu.

Buscando los ojos debajo de las gafas, apretando la nariz como un timbre, rodeándole los labios, alborotando el poco cabello de Abu, que se ríe.

Juanmi, mirando al cielo, como buscando la luz, dice a su abuelo:

–Ves Abu, así la he visto.

Y todo lo que se siente directamente trae palabras nuevas.

Fernando Pessoa.

CON CHOCO LATE MEJOR

Adela salió de su casa, como cada mañana, para ir a la escuela infantil. Andaba como cansada, un poco dormida.

—Levanta los pies para andar, cariño. Así no vamos a llegar nunca.

Ella seguía andando lentamente. Rozando la acera con los zapatos, como una caricia, mirando los escaparates de las tiendas aún por abrir. Había estado unos días en casa, a causa de un fuerte resfriado. Cuando llegaron, entraron en clase. Ella miraba distraída los colgadores donde estaba su bata. Su madre le ayudó a quitarse la chaqueta y se la dio.

—Cuelga la chaqueta ahí, donde hay la figura de un gato. Ya sabes que es tu lugar.

Su mamá vio que se acercaba a los juguetes y tuvo que avisarle con un repiqueteo de los dedos en su espalda, a lo que Adela se giró y vio la bata en su mano, la cambió por la chaqueta, se dieron el beso de despedida y ella se fue.

Vio que todos se sentaban y ella también movió su silla. En la mesa, justo delante de ella, había el dibujo de un gato que le recordaba a León, su mascota. Al verlo, sonriendo, lo acarició.

Después, y ya a punto de empezar la actividad, ella vio que María, la maestra, movía los labios. Mientras, ella jugueteaba con León. Hasta que sus compañeros le tiraron de la manga para que mirase hacia la maestra. Tenía que saludarla como los demás diciendo su nombre en voz alta. Cada día lo intentaba más, pero, en realidad, su nombre tenía unos sonidos que no eran exactamente los esperados. La maestra lo decía en voz alta y todos sabían que hablaba de ella, en cambio Adela no tenía claro por qué los otros niños la miraban.

Una mañana, fueron a un concierto. Salieron en fila de dos en dos: un compañero mayor y uno menor, hasta llegar al autobús que les conduciría al Auditorio. Subió, se acomodó en el asiento y esperó. Cuando vio que el paisaje se movía, se dio cuenta de que iban a alguna parte, lejos de la escuela.

Al cabo de un rato, no demasiado largo, el autocar frenó. Vio a la maestra que se acercaba el micrófono a los labios. Le pareció algo raro porqué oía unos pitidos: el del frenazo, el del micrófono, eran como un zumbido.

Al bajar, se dio cuenta de que tenía su zapato desabrochado, así que se paró para unir la cinta que cerraba el broche del calzado. De golpe, notó que le daban un tirón. Al levantar la cabeza, vio a su compañero que le decía algo y le señalaba con el dedo que se iban quedando rezagados del grupo. Se adelantaron un poco y volvieron a la fila. Entraron, se quitaron la chaqueta y ocuparon su butaca.

Empezó a sonar la orquestra. Entonces, notó una vibración cerca de la garganta. Se puso la mano en el pecho y le gustaron aquellas cosquillas, fue una sorpresa porque no eran siempre iguales: las trompetas, los timbales, el clarinete… Al acabar el concierto, todo el público empezó a juntar y separar las manos. Adela había visto en la pantalla del ordenador y del móvil el icono de dos manos juntas, sobre todo cuando sus papás estaban contentos, con lo que él hizo lo mismo, feliz.

Su compañero se dio cuenta de que las juntaba pero en silencio, entonces, le cogió sus manos entre las suyas y le enseñó a aplaudir. Adela observó sus manos sin saber cuán fuerte puede ser la alegría que reciben los músicos y las cantantes cuando el público los aplaude.

Al finalizar el concierto, vio que, a un lado del escenario, una señora levantaba las manos a la altura de la cabeza y las movía como si, en ellas, llevara un racimo de cascabeles. Por un momento, estuvo mirando, pero sobre todo volvió a concentrarse en los zapatos que se le habían salido del pie de tanto moverse.

Retomaron el camino de regreso a la escuela y, una vez allí, la tarea consistió en pintar algo sobre el concierto. Adela, en realidad, no había oído la música, pero tampoco lo sabía. Eso sí, la había notado. Fue un buen rato el que dedicaron a pintar lo que más les había gustado: los colores de los sonidos. Adela dibujó la figura de una niña con la mano en el pecho y sonriendo. Era el dibujo más distinto y el que, por descontado, no coincidía con la actividad propuesta por la maestra. Cuando ella se dio cuenta de lo que podía estar pasándole, se puso en contacto en seguida con la familia.

La conversación se llevó a cabo barajando los ejemplos sobre lo vivido. Podría ser que le estuviera ocurriendo algo que podía cambiarle el rumbo de su vida.

Entonces, se valoró que aún era una niña pequeña, algo distraída, un poco despistada. Podía ser. Podría ser que, al ser el primer año en la etapa infantil, aún no comprendiese bien los mensajes que le llegaban para realizar la actividad correspondiente. Podía ser.

Pero podía ser que en ese momento estuviera albergando una dificultad auditiva, ajena a sí misma. Podía ser.

Así que, después de hablarlo, procuraron comprender qué podía ser. Si todo empezaba en el resfriado o ya era anterior. A veces, no se respira bien por la nariz y, a veces, se van obturando los oídos. A veces, emerge una ausencia que va tomando forma.

Este resfriado avisaba, como el batir de las alas de una mariposa, de que se presentaba un cambio. Era tal vez una alerta, el aviso de que debían empezar a revisar los oídos de Adela.

Sus papás se dieron cuenta de que tenían que conocer lo que ella percibía del entorno. Primero, echaron cuentas y recordaron que, a veces, se tendía en el suelo y movía la espalda como una serpiente. Se hacía pesado, porque la tenían que levantar, en cambio ella, al hacerlo, sonreía muy feliz y los miraba como si, desde allí, les comprendiera mejor. Era tal vez un juego o la necesidad de sentir el apoyo de la superficie que reforzaba el contacto de su cuerpo con algo firme, desde el que percibía el entorno de manera física y real, ya que, a través del sonido, no entraba en contacto con el ambiente exterior. Igual que le ocurría cuando arrastraba los pies al andar.

También se dieron cuenta de que cuando hablaban, si estaban a sus espaldas y la llamaban por su nombre, no se giraba. Entonces le repetían, a veces un poco enfadados:

– ¿Es que no me oyes, cariño? Estás muy distraída jugando...

En cambio, si ella los tenía delante y los miraba de frente, entonces, sí. Sus ojos eran alegres y brillantes porque sentía la mirada de sus papás muy cerca y ella les podía acariciar su rostro y besarles.

¡Cuánto habían avisado a su hija para que bajara el volumen del televisor, y cuántas veces ella lo volvía a encender, en voz bien alta! ¿Y otras cuántas y muchas la tenían que retirar porque se acercaba demasiado? Ellos temían las ondas del aparato, pero en realidad era la proximidad lo que Adela buscaba y necesitaba, sobre todo cuando se acercaba a la pantalla y tocaba el rostro de los personajes, de los animalillos de los dibujos, dándoles palmaditas.

–Venga, que no se debe tocar la pantalla. No te acerques tanto. Pero ella sonreía feliz de conocer más de cerca a sus amigos de cristal.

¡Cuántos detalles de la niñez de su hija les sorprendían! Ahora, con diferentes matices, después de hablar con la maestra, contrastaban los gestos y las formas con las que se comportaba.

Tenía una hermana mayor que practicaba deporte. Era activa y a ella le motivaba el movimiento. La seguía embobada; atenta a los gestos de su hermana mayor, más que a sus palabras, porqué así aprendía a jugar.

Cuando emprendieron las visitas médicas, fueron descartando sombras. Un día fue a un centro y se tuvo que poner unos auriculares, dentro de una cabina y, mientras jugaba con un juguete del que salían pitidos para los oídos, tenía que ir señalando con el dedo o con las manos. Otro día le hicieron andar con los pies juntos haciendo juegos casi de circo: veían si se balanceaba o se caía, de un lado o de otro.

Siempre iba con sus papás y a veces los veía tristes, un poco serios. Entonces, pensó que estaban enfadados con ella y se puso a llorar. Ellos ignoraban lo que le pasaba, se preocupaban más por si estaba enferma, si había algo que le hacía daño. Ellos le hablaban sin ella sentir. Ella sentía sin poder hablar. Se abrazaron porque había una sombra que necesitaban apartar.

Iban y venían de distintos centros. Veía muchos señores y señoras con las batas blancas. Algunos días no iba a la escuela. Empezó a echar de menos a María, su maestra. También a Óscar, su mejor amigo.

Echaba de menos jugar en el patio y correr entre las ruedas de camión que les servían de escondite.

Echaba de menos el agua del grifo cuando lo dejaba abierto sobre sus manos. Hasta que ella se sentía feliz con el agua fresca de la fuente entre los dedos.

Cuando llegaba a casa, salía a recibirla León, que la rondaba con su cabecita entre los pies, enlazando la cola por las rodillas. Pronto iba a sentarse al sofá para acariciarlo y sentir su pelo suave, su respirar apacible que le subía por la espalda. Se sentía feliz con León porque se acurrucaba en su regazo y estaban una al abrigo del otro. Cerraba sus ojos y, al oír tan poco, el ronroneo era como el latido de lo que significaba estar vivo, feliz y tranquilo.

Sus papás y su hermana se empezaron a preocupar porque parecía que se comunicaba mejor con su mascota, con la que tenía un contacto sin distancias. Algo grave le estaba pasando.

Entonces, empezaron a relacionarse con ella de una manera distinta. Avisándola siempre, antes de hacer algo. Antes de comer, iban a la cocina y señalaban la olla, la sartén y el plato, y luego iban hacia el comedor, se sentaban en la mesa, después decían el nombre de la comida y las instrucciones de comer bien: beber despacio, secarse los labios con la servilleta… Le señalaban el vaso antes de beber agua o de tomarse la leche, etc.

Antes de vestirse, iban a la habitación y le señalaban la ropa y después iban nombrando las piezas de su vestuario y cómo tenían que ponerse: del derecho, del revés. El pie derecho y el izquierdo. En caso de calzarle las botas si llovía, le enseñaban la lluvia por el balcón de la terraza.

Iban de la mano hasta su habitación para que notara que ya era la hora de ir a dormir. Le anticipaban con el contacto visual o acariciándola o señalando primero, antes de lo que iba a vivir. Adela empezó a estar más atenta y, al recibir las consignas visuales, empezó a realizar sus tareas correctamente. Sus padres y su hermana se dieron cuenta de que ella les seguía más de cerca, su relación era mejor y su comportamiento menos ajeno.

Cuando pudo retomar el curso de natación, después del resfriado, sus papás cambiaron de grupo y se inscribieron los tres juntos en una clase que era para tomar contacto con el agua y chapotear con manos y pies dentro de la piscina, siempre sostenida y, al caso, de sus papás. No solo para aprender a nadar, sino para amar la caricia del agua sobre su piel y, abrazada a sus padres, sentía su alegría, su latir, con seguridad y confianza.

Al cabo de unos días, tuvieron una visita a un centro especial. De ahora en adelante, Adela llevaría unos pequeños aparatos detrás de sus orejas. Cuando se los probó, miró el rostro de mamá y vio que sus labios se movían y ella oía su voz.

—Adela, cariño.

Y sus ojos se humedecieron. Era la voz de su madre.

Su vida había cambiado para siempre. Salió del centro entre sus papás, cogida de sus manos. Se preparaban días de cambios, muchos cambios. Conocería a Yolanda, era logopeda, y le ayudaría a recuperar los sonidos nuevos, las palabras dulces como la miel. Tendría que salir un rato de la clase, ir a un aula pequeña, distinta, donde brilla más la luz porque su mundo se llenaría de palabras como estrellas para iluminar el firmamento de su nueva vida.

Pero mientras tanto, quisieron entrar a una cafetería. Iban a tomar una buena taza de chocolate caliente, con bizcochos tiernos. Era un día de merienda especial. ¡Qué buena noticia habían recibido! Estupenda. La mejor.

Al salir, Adela llevaba unos bigotes dulces. Que se relamía entre sonrisas. Ella iba entre sus padres, que la tomaban de la mano, bien juguetona, ella se balanceaba riendo.

Andrea, su hermana mayor iba al otro lado, llevaba un balón en la mano. Los cuatro andaban por la calle. Primero, se asustó mucho al oír el ruido de los coches; después, escuchó por primera vez la risa de su hermana cuando jugaba con el balón y le decía:

– ¡Tómalo!

Adela se apresuró a pillar al vuelo el esférico, bien contenta.

Su padre la tomó en brazos, sosteniéndola por la espalda y ella leyó que sus labios tenían sonido:

– ¡Hija mía!

II PARTE

LA FASCINACIÓN POR LAS PALABRAS

Yo pido a los hombres lo mismo que piso a los textos de ficción, *petit*: que sean abiertos, que contengan en si la posibilidad de ser y de cambiar a todos aquellos que encuentren en su camino. Sólo así se establecerá la dinámica necesaria entre el escritor y el lector.

Patricia Duncker

CUANDO LA E ES MÁS QUE UNA VOCAL

LEER DELIBES ANTES DE LA MERIENDA

El alfabeto... ¡qué lujo de abstracción, de sensatez y de orden! ¿Quién lo inventó? Los sonidos que alguien fijó en letras, como notas musicales y minúsculas del lenguaje que tejen, trenzan y componen palabras. Después, accedemos a ellas al leer, descifrar y amarlas cada una por su contenido, por su armonía, por el vacío que llenan las palabras, hijas del espacio y del tiempo. ¿Cuánto hay en nuestro quehacer que nos inspira y despierta el alfabeto?

Es cierto, los conceptos que a él van unidos y que emergen al pensar. Me atrae esta idea y retomo la biografía del dibujante que fue periodista y luego escritor: Miguel Delibes. Valladolid, 17 de octubre de 1920-ibídem, 12 de marzo de 2010.

El 1 de febrero de 1973 fue nombrado miembro de la Real Academia de las Letras, donde ocupó el sillón con la letra «e», que desde entonces pasó a formar parte de un abecedario particular. Luego, creo que se puede contemplar su obra desde la letra de esta butaca, la butaca de un alfabeto. Puede ser la e de *escritor* que fraguó una época, dejando el legado de un tiempo sin ser un cronista, sino el creador de escenarios donde acaecían hechos que penetraban en su profundidad.

También puede ser la e de *elegancia*, por su saber estar en la vida y moverse en el mundo literario; por conocer sus límites, por saber cuándo ya no se debe continuar *El Camino* sin llegar a su término: Delibes se fue antes de irse. Terminó el trabajo y fue audaz en su tiempo, que también se escribe con la e de *erudito*, porque todo en su obra es preciso y Delibes precisa de un gran estudio de contenidos sobre hechos históricos, así como de pastoreo, labranza y caza, para componer la trama de su obra; también de relaciones humanas sobre el afecto, el dominio o el respeto. Las heridas en *El hereje* contienen la *e* inicial. ¡Me atrevo hasta a producir faltas de ortografía! como una trasgresión, como la del personaje que, con su inocencia, buscó la comprensión y fue condenado por buscar la libertad.

Es cierto que la *e* no está en *Cinco Horas con Mario,* pero aparece en la emoción de tantas preguntas y respuestas de un monólogo con alma de mujer, una obra en la que se puede entrar algo dormido, pero de la que se sale, sin duda, despierto.

También contiene la *e* la discreción con la que supo llevar su vida y su obra, con la recepción de premios sin que menguara su vocación ni la comprensión y profundidad de su obra.

Su trabajo se enmarca en el paisaje humilde del campesinado en *Las ratas* donde los personajes buscan *lecherines* para salir del paso. El autor nos devuelve a la realidad, al empequeñecimiento que genera la pobreza y el dominio del caciquismo en *Los santos inocentes* y la vuelta a la caza y la mirada de la milana bonita que sobrevuela las dobladas cabezas en la estrechez de un mundo sin salida que solo fluirá con la emigración; será el exilio de la pobreza del campo a las ciudades.

Delibes forja sus libros con un lenguaje sagaz, con motes, abreviaturas, sin presunción ni idealismos, desde la mirada ante la realidad que muestra un mundo que agoniza; creador y sabedor de lenguaje en su plenitud, desde lo popular y concreto, sin que sea para nada vulgar. Creador de relatos y novelas, ahondó en personajes sencillos, desfavorecidos, colocados en el primer plano de su obra; pero en el escenario que envolvía tanta sencillez y, casi de soslayo, en una perspectiva aguda, aparecen grandes temas sociales y profundos: la aristocracia rural y su férreo dominio sobre las tierras, las personas y los animales que controlaban hasta la forma de pensar y de sentir; el latido del dolor contenido sin escapatoria.

Podemos percibir al vallisoletano escritor como un referente en el mundo literario contemporáneo por el frescor de su lenguaje, por el color de sus personajes, por el impulso que dio a la lengua castellana que modernizó desde lo antiguo, desde la tradición. Así pues, el legado de su obra puede considerarse como una obra maestra.

Delibes es un corredor de fondo que ha llegado al final después de estar en la vida «solo un ratito», como dijo en la entrevista. Se concibe, pues, efímero al lado de inmortal; español enraizado en su Castilla intemporal pero internacional y abierto al mundo.

Nos entusiasma la lectura de sus libros y nos recuerdan que la palabra *leer* contiene dos es juntas, cada una en su sílaba, pero ¿cuánta fuerza emerge de esta palabra breve, de escritura monótona y de sonido llano y agudo a la vez?

Y, al fin, releer el abecedario y notar como una letra algo redondeada, más bien pequeña, después de la *a* prominente y primera, emerge en el paisaje literario con tanta plenitud. La segunda vocal y la quinta letra del alfabeto rinden hoy homenaje en el centenario del célebre escritor.

La lectura imposible que escucha el ritmo de las palabras nacidas del silencio, al mismo tiempo que nos distancia del dolor del mundo que a veces podemos llegar a sentir, nos ayuda a crear formas a partir de la memoria y del deseo.

Fernando Bárcena

SERENA Y SELENE

A veces me pregunto, sin obtener una respuesta clara, de dónde nace el deseo de escribir, o es necesidad. No sé descifrarlo. Pero sé que es un imperioso deseo de fijar con letras, signos, palabras, párrafos y textos algo que, si no es así, se me escapa y que, de ninguna otra forma, tengo la capacidad ni de concebir ni de expresar. Ahí va, pues, mi relato.

Me gusta estar cerca de un laurel porque me recuerda mi infancia: un murmullo entrelazado en sus ramas alzadas al cielo y el olor a palma fresca en Domingo de Ramos. Evoco aquel tiempo feliz en un día como el de hoy en que escribo mientras, en la calle, el cielo se desploma en agua, llueve a cántaros y el laurel de mi jardín es un pequeño y despeinado arbusto. Pienso en los días de lluvia al regresar de la escuela. Las gotas en los charcos cuando punzaban el agua mansa y aparecían unos redondeles a su alrededor que se expandían hasta juntarse unos con otros, hasta perderse. A veces, caían tan fuertes que de él salían unas pompas, como unos ojos de rana, y parecía que nos mirasen hipnotizados. Era un momento breve y luego caía la siguiente, y más y más, hasta que las gotas punzantes convertían el paraguas en un pequeño hogar, un refugio que me invitaba a pasear chapoteando aquí y allá hasta acelerar mis pasos que me llevaban a casa. Percibía este tamborileo como el eco de una voz y aún hoy día percibo el chubasco entre los demás sonidos de la ciudad, con perfume a lluvia fresca. La infancia nos devuelve el olor de una vida placentera y cómoda, a veces un poco extraña. Escribo también sobre las nubes, naves sin tripulantes que surcan el cielo, a veces grisáceas, a veces blancas como azúcar de feria con sus múltiples formas. Lo mismo se me antojaba un osito de peluche que un tigre en la carrera. ¡Qué adivinanzas de destino nos proponía este algodón en rama!

Aún oigo las frases de « -¿Qué miras?», « -¡Parece que estés en la Luna!».

-¡Qué voces regresan de la niñez! Pero hoy, al escribir, me doy cuenta de que se concibe en mí aquella niña un poco lejana que amaba jugar, fijarse en las gotas de agua de los charcos, mirar las nubes y andar alunada; porque aún hoy siento en mi piel la luna y la nada y... aún me distrae lo celeste del azul y siento curiosidad por las palabras, y me atrae poder hablar, leer y escribir.

No sé, para mí, es una suerte, ¿verdad?, vivir en la Luna, así puedo poder trocear un pedacito de queso de su redondez como un ratoncillo curioso para la merienda. O andar por encima deprisa, casi corriendo, porque se ladea como si fuese un corte de melón jugoso. A veces, aún me sorprende cuando el cielo es una sombra y ella nos ilumina, como un foco, arropada por la oscuridad. Otras, se acompaña de un manto de estrellas diminutas como frágiles luciérnagas. Sí, es cierto, aún me atrae la Luna y me sobreviene el latido de la nada cuando, en su interior, nace lo nuevo. Me apoyo en eso. Ya sé que soy muy poca cosa, casi nada, y me muevo con la brisa de un blanco jazmín que se desprende de la rama, empujada por un balanceo suave. Con la levedad de la casi ingravidez, puedo nadar en el océano perfumado de un jardín en las noches de agosto. Me parece bonito estar en la nada para sentir su silencio y para medir su respeto.

Puede ser una suerte que tenemos las alunadas luneras que andamos por la vida con paso de gorrión, discreto y fugaz, como si nada fuera con nosotras porque, aun siendo, parecemos no estar y lo luminoso nos deslumbra, pero no atrae, porque se ve mejor con la luz natural y preferimos el aire tibio al tórrido verano y a la frialdad del aire artificial.

En este rato de palabras que surgen de mi bolsillo, doy la bienvenida a este lunar de lecturas que he leído y que luego he ido leyendo porque así puedo nutrirme con el manjar de las palabras y su delirio. Bienhallados los que nombramos los libros y amamos el aliento, casi imperceptible, que nos roza el rostro como el beso fugaz de un amor pasajero al hojear un libro. Sentir el papel que acoge los relatos, los miedos, los amores aventurados y las desventuras de los afligidos.

Y a los pasajeros del tren que viajamos en esta clase especial donde sentimos el placer compartido de un sueño, vestido con palabras bellas, azarosas y tiernas; llenas de individualidad sagaz, a veces estremecedora. A todos, por el supremo rigor de la sensatez bien medida. En este viaje, vemos pasar la alegría de pronombres y adjetivos, y el sobrio y elegante paso de las mayúsculas y las minúsculas. Cuando necesitamos mejorar la respiración, en la lectura y su significado, nos asiste la puntualidad de los dos puntos. Va también por el punto y coma, algo ambiguo; a la continuidad de las comas en la enumeración; al eficaz punto y seguido; y al severo, pero útil, punto y aparte.

Durante el trayecto, hallamos los benditos y oportunos sinónimos, que nos hacen la vida más suave, y los antónimos, que nos hacen una vida más crítica; el oxímoron eficaz, pero algo cáustico; el palíndromo locuaz; todas las palabras del diccionario y las letras del alfabeto; todas las formas verbales que señalan el tiempo, los modos y las personas, el género, el número y todas las intenciones que motivan su uso; los vocablos, por ser perspicaces y libres, sobre todo en el lenguaje informal; los párrafos, por su figura; los versos, por su musicalidad, su ternura o su revolución (a veces, un clavel; otras, una pedrada en la frente); las novelas… ¡Qué sería de nuestras vidas sin ellas! Para todas vuestras voces va este texto, de parte de una luna lunera que desde su satélite vive ensueños y se imagina un cielo en blanco y la Luna como un lunar en la piel del cielo. A veces, creo que es una suerte que el destino me invite a pasar algunos ratos tan lejos, tan ausente y bien acompañada. Porque, desde este gajo de fruta que a veces es melón a veces sandía, se ve la Tierra azul, pequeña y redonda; toda envuelta de una atmósfera frágil como de celofana que parece un obsequio. Una gota de lluvia en un charco de oscura noche, una gota venida del más allá sin burbuja, ni círculo concéntrico. Un planeta azul que, sin saber cómo, nos soporta, son sobrevive, nos espera y creo que hasta anhela nuestro respeto.

Desde el botón blanco de la capa del cielo, sentada, solo percibo el zas de un asteroide fugaz que pasa de largo. Si me buscáis, estaré allí, quieta, con el paraguas a punto: puede que surja una lluvia de estrellas de la Vía Láctea –nunca se sabe–. Sentada en un banco lunero, iré mirando la Tierra celeste que, a distancia, se ve en paz, sin el drama de los refugiados, ni la rabia de la guerra; sin el hachazo de las fronteras, ni el peso de los ahogados.

Una vez, desprendida de tanto…, vuelvo a evocar el recuerdo de la palma fresca que se expande en Domingo de Ramos entre hojas de laurel, de una infancia luminosa y clara primavera. Un todo en medio de la nada que, para una alunada, es un regalo. Silencio cósmico. Ningún perfume. Ningún sabor. La Tierra, un cascabel azulado, apasionado por vivir, la amo porque es mi hogar… de ida y vuelta.

Como seres de llegada y como seres nacidos, nuestro aprender hunde sus raíces en la experiencia de una aventura: la aventura de tener que conducir la vida

Fernando Bárcena

EQUIPAJES

Acaban de llamar Juan y Olga para anunciar que se van a Nueva York. Lo dejarán todo porque ella tiene una beca de estudios para investigar en una clínica dedicada a la atención a la infancia para unos cuantos meses. Juan la va a acompañar los primeros días gracias a su período de vacaciones. Ellos albergan un sueño que solo su profundo amor puede convertir en realidad: aterrizar en la ciudad de los rascacielos. Ellos vivían en la montaña, en una casita casi de chocolate y caramelo, con su chimenea encendida; su despensa provista para pasar el invierno y troncos de leña para alimentar el fuego. Todo estaba a punto en su lindo hogar, cuando decidieron que su vida daría un vuelco y se trasladarían al norte, a la ciudad más elegante de las Américas. Subieron en su bella carroza brillante, como los príncipes, cabalgando por el cielo azul y entre las nubes, volaron hasta alcanzar su sueño, tan fuerte pero aún imperceptible como un aleteo de mariposas sobre Manhattan.

Bueno, Juan y Olga, ahí tenéis vuestro cuento, espero que al regresar de vuestro viaje traigáis con vosotros otro equipaje más: el del vivir, conocer, amar y saber; lo mucho que relativiza el traqueteo de los traslados, del callejeo y, luego, regresar al hogar. En fin, un abrazo, mucha suerte y... vivieron felices y comieron perdices.

Después del cuento, emergen en mi muchas imágenes, muchos recuerdos que escribo y quiero escribir sobre la esencia misma de los viajes. De lo que nos impulsa y nos mueve a trasladarnos. Evoco, ante esta emoción de lejanía, y me pongo a pensar en lo que he vivido, en los viajes que han alimentado mi vida. No sé por dónde empezar, en fin... América.

Bueno, estuve en la Gran Manzana. Resulta inolvidable, aun cuando haya pasado casi una generación. Vi algo que ahora es común en nuestras calles, pero entonces no era frecuente: el mapa multicolor que avanza imparable desde el sur.

Este impulso globalizador había ocurrido mucho antes de que llegara aquí. Me sorprendió la variedad humana, antojadiza y fluida. Me di cuenta de la gran cantidad de personas de todo el mundo que luchaban para ser algo más que la sombra de los que no cuentan: trabajando en cosas peculiares, bailando en la calle... Todo el mundo se esforzaba para llamar la atención entre la multitud que llenaba las aceras, las escaleras del metro y las plazas para hacer avanzar su tiempo y ganar algo para sus vidas o simplemente conseguir comunicarse.

Me di cuenta de mi poquísimo nivel de inglés cuando el guiño del hombre del carro de la comida me dijo: «Es difícil, ¿eh?». Compartimos, por un momento, el hecho de haber llegado a un sitio y no encajar. Yo andaba de turista, pero estaba allí, en la calle, haciendo algo de vida normal, pidiendo una merienda, mientras las palabras escurridizas se iban, sin conocerlas, sin comprenderlas. ¡Qué lejos me parecía entonces ejercer la vida cotidiana! ¡Qué suerte cuando el trabajador del carrito se dio cuenta y dio el primer paso, con una traducción sencilla! Entonces todo me pareció más cerca.

Escribo esta memoria viva, mientras llueve en mi jardín y limpia el aire. Se disuelven las dudas y se ralentiza el tiempo. En la cocina, suena la radio. Está en marcha el piano, la sordina de la trompeta que perfuma el aire de una mañana triste, gris de lluvia: melancolía de tiempo pasado que está ahí, junto al presente. En realidad, puedo afirmar que el pasado está dentro del presente y es lo que le da sentido y viveza al aliento y latido de vivir, porque alegra la experiencia de haber vivido y la proyecta a la serenidad con la que encajamos cada pisada, cada decisión del momento actual.

Bueno, Juan y Olga viajan preparados porque llevan un contrato de estudios y trabajo ella, y las vacaciones que le conceden a él. Tener un contrato de trabajo otorga la garantía de ser ciudadanos bien llegados a la ciudad.

De manera que adaptarse con algo preparado es distinto, ante la gran cantidad de personas de todo el mundo que simplemente llegan, luchan por dominar el idioma para ganarse la vida, para sobrevivir al ruido y a las calles, al tráfico, a las prisas y a la competencia feroz para llegar a tener un puesto de salchichas en la calle. Es la lucha del más fuerte, del que va más rápido, del que pisa con mayor hondura.

En fin, el cielo es igual de azul que cuando estuve en Nicaragua. Los rostros que vi eran rojizos por el sol, la expresión quieta, el pelo lacio y el cuerpo acostumbrado a más trabajo de lo razonable, a la pobreza endémica de un bellísimo país. Los niños jugaban por el camino que tenían que andar, durante unas cuantas horas, hasta llegar a la escuela, iban con un pequeño saquito en la espalda como cartera. Allí viví otro mundo, otra América: la que era el filón humano que alimenta el trabajo a bajo precio, de baja escala y que persigue hasta la ferocidad de ganarse un lugar más arriba: al Norte, a lo que llaman «los Estados».

Ese verano, subimos a un monte del que bajaba una gran cascada de agua, bajo la sombra de los árboles, entre hierbas y rocas. Ahí estaban dos mariposas de color azul cobalto brillante, ajenas a nuestro calor. Se acariciaban las alas gozando del frescor de las aguas, de la tenue luz que se filtraba entre los árboles. Fue como un sueño y este aleteo sutil se quedó fijo en mí. Había deseado este viaje a Nicaragua para trabajar en la escuela. Descubrí la belleza de su paisaje: su verdor inmenso. Vimos hombres a caballo con machetes al cinto. Nos acercamos a los palos de mango frescos. Desde la distancia, había visto la cara de las dos Américas que se encuentran luego en la Gran Manzana.

Años después, un día de muchos, mientras esperaba el tren en la estación de ferrocarril Barcelona-Sants, se sentó a mi lado una mujer con el rostro quemado por el sol, el pelo lacio y las trenzas prietas. En su mirada, que miraba hacia dentro, podía ser que viera los prados verdes, la montaña de vida difícil, pero suya, los maizales, el agua del manantial. Tenía muy cerca una gran maleta. ¿Qué podía llevar allí dentro? Su ropa, sus sueños... Evoqué aquel maravilloso verano en Centroamérica, las poderosas nubes sobre el monte San Juan, la seguridad de volver, las dudas por si el trabajo era realmente útil para ellos, porque sí lo fue para mí entrar en el tiempo de los vecinos del pueblo de Matagalpa y el riesgo de haber llegado a un país que había vivido el cambio, la vuelta y la revuelta de un sistema político.

Años después, a causa de mi trabajo de maestra de alfabetización en una escuela de personas adultas, he vuelto a encontrar, cada vez más a menudo, esa mirada incierta; ese pelo lacio, esa educación amable, esas palabras dulces…

El valor de las palabras maceradas por el sabor del tiempo, sazonado por el color de las personas que he encontrado en viajes que han iluminado mi vida, está bien servido en la mesa, acompañado por imágenes y encuentros, aderezado con luces y sombras que han sido invitadas y han contribuido a escribir este texto leve y sutil como un cálido aliento.

En realidad, cualquier viaje empieza cuando un sueño sobrevuela el cielo y entonces va bajando hasta nuestra almohada, cuando los sueños entran en nuestros pensamientos y entonces dejan de ser nubes que navegan por el azul celeste y se convierten en gotas de lluvia y limpian nuestros rostros y llenan nuestra imaginación.

Entonces, los sueños se convierten en palabras. Empiezan a andar, buscando con pasos dudosos lo que, poco a poco, se convertirá en certeza. Luego, viene la ilusión, las dudas, pero… ¡hay que ver cuánta belleza estalla cuando nuestros sueños se convierten en realidad!

Vamos a imaginar cuándo todo empieza y vamos a dar un paso atrás; cuando las personas que habitan el centro y sur de América se sienten impulsadas a ir al norte.

Unos entre tantos, otros entre muchos, ante la partida se ponen manos a la obra y empiezan a recapacitar. ¿Qué se llevarán? Necesitarán mucho para estar tanto tiempo fuera de su casa, y, en su sueño, para el viaje, platican entre murmullos sus sueños, sus recuerdos, sobre qué harían cuando llegase el momento anhelado para sobrevivir el viaje y el traslado no solo hacia otro país, sino la transformación a una nueva forma de vivir.

En primer lugar, claro, se traerían consigo un poco del cafetal para no echarlo de menos, pero resultaba evidente que el palo de mango con sus ramas no cabría y en la ciudad les echarían de más. Entonces, pensaron que guardarían el susurro del viento entre las hojas, el sabor ácido del fruto de mango con sal para saciar la sed y el color rojo de los frutos del café.

Luego, creyeron que necesitarían algo del calor del sol, pero era visible que los rayos saldrían por las rendijas de las maletas y seguro que les vetarían el paso en el detector de objetos extraños del aeropuerto.

Entonces, decidieron acurrucar el calor que desprende el amor de la familia, su calidez durante la comida alrededor de la mesa.

¿Qué más podrían reservar para sí? Bueno... un poquito de agua de los ríos y lagos, que, aunque grandes y amplios, se perciben casi insignificantes comparados con el gran océano que les esperaba. Pero, ¿cómo iban a llenar los bolsos con agua? ¡Dejarían el avión perdido! En tal caso, resolvieron llevarse el rumor de las olas de agua cuando se balancea suave contra la arena, el agua azul y verde, hasta gris en días de nubes; el agua que mueve y mece nuestros sueños y los guarda para siempre con los peces y las sirenas; el agua entre las risas de los niños cuando chapotean en la orilla y construyen sus castillos en la arena, efímeros, pero ¡qué fuertes! También creían que les pertenecía alguna piedra de la tierra que les sostiene bajo sus pies y construye la realidad, pero, indudablemente estaba el peso... Siendo así, ambos se miraron y, apoyando los dedos sobre los labios, lanzaron un beso al horizonte desde el umbral; un beso abierto al valle que les había albergado desde antaño y que les iba a esperar siempre, y fue el vacío lleno de aire, de silencio y de soledad lo que entró en el baulillo chico.

Después, entraron de nuevo en casa, cerraron la puerta y miraron su hogar, allí quedaban las herramientas del campo que no sirven en la ciudad, los juguetes de lana, hojalata y madera que dormirían en el baúl, y los libros de la escuela que ya eran un recuerdo de sus días en el pueblo.

Miraron sus manos y vieron que todo cuanto sabían hacer quedaba allí, dentro de la habitación, porque el viaje los llevaría a un lugar lejano donde el mundo vivía siguiendo otro ritmo, se movía con otro son y se manejaba con otras cartas.

Dentro, quedaba el tiempo, su pasado, su vida, algunas sonrisas, muchas dudas que llevarían consigo cosidas en los botones de sus camisas y de sus chaquetas, muy pegadas a su alma para quitarles el frío que, súbitamente, nos atenaza cuando cambiamos de lugar y nuestro modo de sentir.

Una vez puestos en el orden del camino, sintieron que se llevaban el latido de la vida que conocían.

Percibían el miedo a lo que desconocían.

Llevaban consigo las palabras con las que habían aprendido a amar.

Después de todo, vieron que su equipaje estaba completo. Cerraron su pequeño palacio y, una vez fuera, empezó a llover, resbaló una gota por el pelo y una lágrima por su rostro, y la mirada fue una despedida, un adiós sin nombrarlo.

La voz de la poesía no nos dice cómo tenemos que vivir, por eso es conversable y es libre.

Fernando Bárcena.

DULCE DE LECHE

HABÍA UNA VEZ UNA PEQUEÑA ALDEA FRENTE AL MAR.

DONDE LAS OLAS IBAN Y VENÍAN Y EL AGUA LAMÍA LA ARENA DE LA PLAYA.

LA ESPUMA BLANCA DESCANSABA Y SE DERRETÍA HASTA DESAPARECER, COMO SI SE TRATARA DE UN SABROSO HELADO.

PARECÍA UN PUEBLO FELIZ.

PERO, FUE DURANTE AQUEL INVIERNO CUANDO, UN DÍA, OCURRIÓ ALGO ESTREMECEDOR.

LA GENTE MURMURABA.

HABLABAN MENOS ENTRE ELLOS, CASI NADA. Y, AL NO ENTENDERSE, HASTA EMPEZARON A PELEARSE UN POCO.

EL FRÍO VIENTO FUE CERRANDO LAS PUERTAS Y LAS VENTANAS DE LAS CASAS.

LAS PALABRAS HABÍAN PERDIDO SU BUEN LUGAR Y SE FUERON, COMO JUGANDO AL ESCONDITE.

EL PUEBLO QUEDÓ EN BLANCO. CORRIÓ LA VOZ DE SU AUSENCIA Y LOS POETAS SE ASUSTARON. TENÍAN QUE HABLAR DE LO SUCEDIDO.

A MEDIDA QUE CONOCÍAN LA NOTICIA, ANDABAN, CORRÍAN, HASTA VOLABAN PARA DARSE CITA Y ACUDIR.

SIN LAS PALABRAS, SE SENTÍAN ALGO SOLOS. TENÍAN QUE HACER ALGO. ENTONCES DIJERON TODOS A UNA:

-¡SALDREMOS EN SU BUSCA!

LOS HABITANTES DE LA VILLA CONFIARON EN ELLOS, SEGURO QUE SABRÍAN ENCONTRAR SU ESCONDITE.

ENTONCES, LOS POETAS SE FUERON, CADA UNO, HACIA UN LUGAR DISTINTO.

UNOS SE FUERON A CABALLO Y ENTRARON EN EL BOSQUE POR EL SENDERO DEL PUENTE.

OTROS MONTADOS EN SUS BICICLETAS, FUERON HACIA LOS CAMPOS POR LA VEREDA DEL RÍO.

HUBO QUIEN SE EMBARCÓ Y LLEGARÍA POR MAR HASTA LAS ISLAS EXÓTICAS MÁS LEJANAS Y REMOTAS.

BUENO, CABE DECIR QUE TARDARON UNOS DÍAS EN ENCONTRAR LAS PALABRAS JUGUETONAS.

ASÍ QUE LOS HABITANTES DEL PUEBLECITO COSTERO ANDABAN TRISTES, SIN PALABRAS Y CON LAS FIESTAS DEL MAR PARA CELEBRAR. NO SABÍAN CÓMO HACERLO.

PERO COMO PARECE SER QUE LOS PROBLEMAS NUNCA VIENEN SOLOS. UNA TARDE, SE DESATÓ OTRA TEMPESTAD. MARÍA ISABEL, LA MÁS PEQUEÑA

DEL VECINDARIO, SE PUSO A LLORAR Y PEDÍA A SU MADRE:

– ¡QUIERO DULCE DE LECHE!

Y, DESPUÉS, FUERON SUS HERMANOS Y LOS PRIMOS Y LOS VECINOS.

PARA INTENTAR PARAR AQUEL LLANTO DESCONSOLADO, LAS MADRES ENTRARON EN LAS COCINAS DE LAS CASAS Y SE EMPEZARON A DAR ÓRDENES:

–DAME LECHE.

–TRAE AZÚCAR.

–AVIVA EL FUEGO.

–TRAE UNA CUCHARA.

PERO LAS PALABRAS NO RESPONDÍAN.

SE OÍA EL RUMOR DE LOS CAZOS Y CAZUELAS, CUCHARAS Y PLATOS, PERO FALTABA EL AROMA DE LA SUCULENTA Y SUAVE RECETA DEL DULCE DE LECHE.

LOS PADRES FUERON A BUSCAR LEÑA AL BOSQUE PARA ENCENDER LOS FUEGOS DE LAS COCINAS, PERO NO HALLARON NADA.

LA PLAZA SE LLENÓ DE CHIQUILLOS QUE INTENTABAN JUGAR PERO,

A LAS MUÑECAS LES FALTABAN SUEÑOS.

A LOS COMETAS, ALAS.

A LOS TRENES, VAPOR.

A LOS TABLEROS DE AJEDREZ, AUDACIA.

A LOS BALONES, AIRE.

A LAS CANICAS, CRISTAL.

A LOS TROMPOS, CORDEL.

LOS ARTISTAS LO INTENTARON PERO QUE VA:

AL PIANO, LE FALTABAN CUERDAS.

AL CLARINETE, CAÑA.

A LA GUITARRA, PASIÓN.

A LA BATERÍA, RITMO.

A LA VOZ, AFINACIÓN.

AL SAXO, CIUDAD.

A LA DANZA CLASICA, EL TUTÚ.

A LOS TEATROS, DECORADO.

A LOS CINES, LA ELECTRICIDAD.

LO QUE ESTÁ POR VENIR

TODOS ESTABAN TRISTES, COMO SI UNA NUBE CUBRIESE CASAS Y CALLES; PLAZAS Y PLAYAS; MONTAÑAS Y RÍOS.

CUANDO VIERON QUE, A LO LEJOS, VENÍAN GRUPOS DE PERSONAS: HOMBRES Y MUJERES QUE ANDABAN RÁPIDAMENTE Y SE ACERCABAN. UNOS DE POR AQUÍ, OTROS DE POR ALLÁ. AL TENERLOS CERCA, SE DIERON CUENTA:

-¡SON LOS POETAS!

TODO EL MUNDO ACUDIÓ A SU PRESENCIA Y SE REUNIERON EN LA PLAZA DEL PUEBLO. UNA VEZ ALLÍ, ELLOS EMPEZARON A CONTAR SU AVENTURA Y, EN REALIDAD, LO ERA PORQUE HABÍAN SUFRIDO LA FRÁGIL Y ENDEBLE VIDA DE LOS FORASTEROS, FUERA CUAL FUESE EL SUELO QUE PISARAN. EL PUEBLO SE VOLVIÓ UN POCO MÁS SONORO, PASO A PASO.

PANES Y PACES

AZUCENA DIJO QUE, MIENTRAS ANDABA POR EL PRADO PERFUMADO DE ROMERO DE UN PUEBLO VECINO, OYÓ UN RUMOR CERCA DE UNA COLMENA DE ABEJAS, SE ACERCÓ Y ALLÍ ESTABAN LAS PALABRAS DULCES: ENCONTRÓ LA MIEL, EL AZÚCAR, LA MERMELADA DE TODOS LOS SABORES, HASTA CHOCOLATE Y DULCE DE MEMBRILLO.

PEPITA, LA PASTELERA, MUY CONTENTA, SE PUSO SU BLANCO DELANTAL. YA PODRÍA PREPARAR SUS FAMOSÍSIMOS BIZCOCHOS PARA LAS FIESTAS DE ANIVERSARIO Y PARA LOS POSTRES DEL DOMINGO.

ISIDRO PODRÍA DESATAR LOS SACOS DE HARINA DE TRIGO QUE JULIÁN LE TRAÍA DEL MOLINO AL ACABAR LA COSECHA. EN LA TAHONA YA PODÍA AMASAR HOGAZAS DE PAN BLANCO, BARRAS DE PAN INTEGRAL, PAN CON NUECES Y NARANJA Y PANECILLOS PARA LAS MERIENDAS. SU ESTABLECIMIENTO VOLVERÍA A DESLUMBRAR.

ASÍ PUES ISIDRO, EL ALCALDE Y JUEZ DE PAZ, PODÍA VOLVER A REPARTIR PAZ Y PAN RECIÉN HORNEADO.

EL AZUL SALADO Y LA PESCADERÍA

LEANDRO Y JORGE CON SUS GRANDES PANTALONES IMPERMEABLES VERDE OSCURO Y SUS BOTAS NEGRAS ENCONTRARON LAS PALABRAS SALADAS EN EL MAR. FUE UNA PESCA ENTRETENIDA. PRIMERO, LANZARON LAS REDES Y LA BARCA SE DESPLAZÓ PARA RASTREAR UN POCO EL AGUA. LUEGO, TIRARON DE ELLAS Y ALLÍ ESTABAN.

UNA A UNA, LAS COLOCARON EN LOS PANEROS. HABÍAN ENCONTRADO LA SAL, LAS CARACOLAS, LAS GAMBAS Y LOS PECES: EL BACALAO Y LAS SARDINAS.

JUANITA, LA PESCADERA, SE FROTABA LAS MANOS CONTENTA PORQUE YA PODRÍA VENDER:

-¡PESCAAADO FRESCOOO!

COMO CADA DÍA Y PODRÍA EXPLICAR SUS RECETAS DEL SALMÓN A LA PAPILLOTE Y LOS MEJILLONES AL VAPOR CON LIMÓN Y PEREJIL O CON JENGIBRE Y MANZANA.

PARAGUAS Y ESQUÍ

MAURICIO TRAÍA UN PEQUEÑO FRASCO CON LAS PALABRAS HÚMEDAS. AL ABRIRLO, SALIÓ EL AGUA DE LA LLUVIA, LA NIEVE Y EL GRANIZO QUE SACUDE LOS FRUTOS DE LAS PLANTAS CON DUREZA.

TODOS ESTUVIERON CONTENTOS AL VER LA LLUVIA Y TEMBLARON AL SENTIR EL FRÍO, Y LOS MÁS INTRÉPIDOS EMPEZARON A JUGAR CON LOS COPOS DE NIEVE.

HASTA HUBO QUIEN EMPEZÓ A REDONDEAR UN MUÑECO GORDINFLÓN CON NARIZ DE ZANAHORIA Y UNA BUFANDA Y GORRO MULTICOLOR.

SOL Y LUNA

CUANDO CELESTE ENTRÓ CON LAS PALABRAS DE LUZ QUE DABAN DESTELLOS, LA PLAZA ENTERA APLAUDIÓ. ERAN LOS RAYOS DE SOL, LA TENUE SUAVIDAD DE LA LUNA, LAS ESTRELLAS CHISPEANTES Y SIMPÁTICAS, Y CON ELLAS TAMBIÉN LLEGÓ LA SONRISA Y LA TERNURA QUE SE HABÍAN IDO DEMASIADO LEJOS.

LEOCADIO, EL ASTRÓNOMO, ENSEGUIDA FUE A BUSCAR LA LENTE PARA VISITAR CON LA VISTA SUS MÁGICAS ESTRELLAS, SUS RÁPIDOS COMETAS. LAS LEJANAS GALAXIAS, LA CERCANA SELENE.

BUENO, EL TELESCOPIO LE ADVIRTIÓ QUE UN COMETA ANUNCIARÍA PRONTO UNA GRAN FESTIVIDAD Y ESTUVIERON CONTENTOS TODOS PORQUE PODRÍAN VOLVER A CELEBRAR LA NAVIDAD.

MODA Y TISSU

LUEGO, LUCÍA Y LEONOR ENCONTRARON LAS PALABRAS ELEGANTES EN EL PASEO, MIRANDO ESCAPARATES DE LENCERÍA, TELAS, ZAPATOS, JOYAS... EN FIN, ESTABAN A LA ÚLTIMA.

TOMÁS, EL SASTRE, SALTABA DE ALEGRÍA PORQUE TENÍA QUE TERMINAR UN TRAJE Y SE HABÍA QUEDADO SIN BUEN GUSTO.

INESA, LA MODISTA, TENÍA UN VESTIDO SIN CORTAR PORQUE DESCONOCÍA LO MÁS NUEVO EN MODA Y LE FALTABAN LOS BOTONES, LAS HEBILLAS, LOS ENCAJES... POR FIN, TENÍA TODO LO MEJOR DE LA MERCERÍA. LA BELLEZA HABÍA VUELTO A SU COSTURA.

-POR FAVOR, DOS BILLETES DE IDA Y VUELTA

LAS MÁS BELLAS HABÍAN REGRESADO EN FERROCARRIL Y SE HABÍAN TROPEZADO CON LAS PALABRAS DE ESTAR ENFADADO.

POR AQUELLOS DÍAS, CON LAS OBRAS DE ALTA VELOCIDAD, LOS TRENEN IBAN UN POCO MÁS LENTOS Y LAS CARAS RESULTABAN UN POCO MÁS TENSAS.

AMBAS SE HABÍAN QUEDADO ATRAPADAS EN UN VAGÓN Y LOS PASAJEROS, POR NO LLEGAR TARDE AL TRABAJO, CASI LAS PISAN.

BUENO, ESTABAN ALGO ENOJADAS PORQUE ADEMÁS TENÍAN QUE HACER TRASBORDO, CAMBIAR DE ANDÉN Y, POR POCO, SI NO LLEGAN TARDE.

BAJARON CORRIENDO PARA CAMBIAR DE CONVOY, CUANDO UNA DE ELLAS LEVANTÓ LA MANO Y EL MAQUINISTA, MUY GALANTE, PARÓ EL TREN.

LEONOR Y LUCÍA, FELICES Y PRESUMIDAS ELLAS, PUDIERON SUBIR Y TOMAR SUS ASIENTOS Y YA SE LES PASÓ TODO. TRANQUILAS REGRESARON SIN MÁS ATROPELLOS A SU AMADA ESTACIÓN-APEADERO.

CUENTA CUENTAS

LAS PALABRAS PARA IR A LA ESCUELA ESTABAN DENTRO DE LA MOCHILA Y FUE JUAN DAVID QUIEN, AL ABRIRLA, DEJÓ QUE SALIERAN LOS LÁPICES DE COLORES Y LOS CUADERNOS.

ADELAIDA, LA MAESTRA, LES CONTÓ LINDOS CUENTOS DE SIRENAS BELLAS QUE SE MECÍAN CON LAS OLAS, PARA ATRAER LA MIRADA DE LOS MARINEROS.

DE ELFOS QUE HABITAN EN BOSQUES SOMBRÍOS.

DE HADAS QUE SE MIRAN EN EL ESPEJO DE LOS ARROYUELOS Y FUENTES.

VOLARON LAS REDACCIONES QUE CONTABAN LOS HALLAZGOS DE LAS PALABRAS, COMO LOS NUEVOS HÉROES DE LA ALDEA.

LOS POEMAS CONTABAN LOS ROMANCES MÁS DULCES, LAS AVENTURAS MÁS NOBLES Y REGALABAN LAS FLORES MÁS TIERNAS.

CANTARON SUS MELODÍAS MÁS BELLAS Y EL CORO DE LA ESCUELA, QUE DIRIGÍA NATALIO CON LA GUITARRA, LLENARON TODO EL CIELO DE EQUILIBRADA HARMONIA.

CON LOS PINCELES Y ACUARELAS LLENARON LOS PASILLOS DE MURALES CON IMÁGENES DEL MAR Y COLORES DE FLORES LINDAS.

LOS NÚMEROS, LAS CUENTAS Y LOS PROBLEMAS SALIERON DE SU CAJAS DE DADOS.

LAS PESAS Y MEDIDAS SE SINTIERON INDISPENSABLES.

LOS COMPASES Y LAS REGLAS Y LLENARON LAS PIZARRAS DE EXACTITUD.

ENCUENTROS ENTRE LOS BIBLIOS Y LAS TECAS

LOS LIBROS, QUE SIEMBRE PERMANECEN ESTABLES EN SUS ESTANTERÍAS, SE HABÍAN IDO DE CRUCERO Y VOLVIERON BRONCEADOS, CON EL LOMO UN POCO TOSTADO POR EL SOL, SOBRE TODO LA NUEVA GRAMÁTICA Y EL DICCIONARIO DE MEDIANA EDAD, QUE SE HABÍAN HECHO AMIGOS; BUENO, ALGO MÁS...

DISFRUTABAN, SIENDO UN POCO CÓMPLICES CON EL NUEVO RUMBO QUE HABÍA TOMADO EL VIAJE. SE SENTÍAN FELICES PORQUE LES HABÍA PERMITIDO REALIZAR UNOS DÍAS DE TURISMO SENSACIONAL. HABÍAN APRENDIDO UN MONTÓN.

A SU VUELTA, SUS NORMAS Y ACEPCIONES DEJARÍAN DE SER TEORÍA, PARA PASAR A LA PRÁCTICA Y, DESDE AHORA, SUS CONSEJOS SERÍAN DE LO MÁS ÚTILES PARA LOS USUARIOS DE LA BIBLIOTECA.

EN AMOR A DOS

LUEGO, ESTABAN LAS FIESTAS DE SAN JUAN; SIN TRONCOS, NO HABRÍA EL FUEGO. EL FUEGO ESPERADO DE TODOS LOS AÑOS: EL QUE ALUMBRA, EL QUE HACE HUIR AL FRÍO, EL QUE ILUMINA LA NOCHE ESTRELLADA. EL QUE DA PASO A LOS VERANOS Y ALIENTA A LOS JÓVENES Y, A LOS NO TANTO, A DECIRSE REQUIEBROS DE AMOR.

ESTAS PALABRAS HICIERON SALTAR LA CHISPA ENTRE JACINTO Y MARÍA, QUE, ENTRE BUSCAR Y REBUSCAR, YA ENTRADA LA MADRUGADA, SE HABÍAN ENAMORADO.

A LA MAÑANA SIGUIENTE, MANUEL HABÍA PREPARADO SUS BUENAS TAZAS DE CAFÉ AROMÁTICO, Y CALIENTE. HABÍA CAFÉ SOLO, CORTADO, MANCHADO; CON LECHE, CON HIELO, HASTA CAFÉ BOMBÓN.

¡AH, SÍ ESTÁ!

TEODORO Y ROSARIO ERAN UNOS POETAS REALMENTE TRASNOCHADORES Y FUE EN LA OSCURIDAD DONDE ENCONTRARON AL BÚHO Y A LA LECHUZA BLANCA. LAS GUARDARON MUY BIEN DENTRO DE UNA CAJITA, PARA QUE DE DÍA NO SE DESPERTARAN Y NO ANDUVIERAN LUEGO CON DOLOR DE CABEZA.

COMO ERAN AMANTES DE LA NOCHE, SE HABÍAN ACOSTUMBRADO A LA SIESTA. ASÍ, SIN MÁS, DEJARON DESCANSAR LAS PALABRAS NOCTURNAS, QUIETAS Y, TUMBADOS EN LA HAMACA, REPOSARON UN BUEN RATO.

RUEDAN LOS DORSALES

LLEGARON CARMELA Y ARNALDO BIEN ACOMPAÑADOS. CON TODOS LOS CHIQUILLOS DETRÁS, IBAN ALGO ACALORADOS, PORQUE TRAÍAN LAS PALABRAS DEPORTIVAS; VENÍAN DE JUGAR UN PARTIDO Y HABÍAN GANADO.

BUENO ¡POR FIN UN TROFEO EN EL PUEBLO! VOLVIÓ EL DEPORTE, LOS DORSALES, LOS BALONES EN LA CANCHA... ADEMÁS, MMM... ¡LO QUE HABÍAN VISTO!

HABÍAN QUEDADO LOS PRIMEROS PERO MUY AMIGOS DE LOS OTROS JUGADORES DE LA COMPETICIÓN.

YA ESTABAN PREPARANDO EL JUEGO DE LOS CABALLITOS Y LAS CINTAS PARA CELEBRARLO.

A LA UNA, A LAS DOS Y... A LAS TRES

ALEJANDRO DIO LA GRAN SORPRESA PARA TODOS: ¡EL CIRCO! CASI NADIE SE HABÍA DADO CUENTA Y HABÍA LLEGADO, CON SU CARPA DISPUESTA EN LA EXPLANADA.

LOS MÁS PEQUEÑOS DEL PUEBLO, CON LOS OJOS MUY ABIERTOS, PORQUE NO HABÍAN VISTO NUNCA LOS TRAPECISTAS QUE DABAN SUS VOLTERETAS DE CARAMBOLA Y LOS PAYASOS CON SUS VESTIDOS A TOPOS... JA, JA, JA, CARCAJADAS, NARIZ DE BOLITA ROJA, TROPIEZOS: ¡PUM, CHIS, PLAS!, Y ALEGRÍA POR LOS CUATRO COSTADOS.

LOS MÁS VIEJOS DEL LUGAR HACÍA TIEMPO QUE NO SE REÍAN TANTO.

COMO GLORIA A PLENO SOL

Y, LUEGO, LLEGÓ LA PRIMAVERA, LA POETA CON LETRAS MAYÚSCULAS Y NO POETISA, PUESTO QUE NO LE GUSTABA NADA. SE SENTÓ RODEADA DE AMAPOLAS, MECIDAS POR EL CÁLIDO VIENTO DEL SUR.

REGRESARON LAS MARIPOSAS A LOS JARDINES, A LOS PRADOS Y, ENTONCES, EL VIENTO LES SUSURRÓ ALGO AL OÍDO Y EMPEZARON A JUGAR CON LAS FLORES.

LAS ROSAS, LAS MARGARITAS, EL ROMERO Y EL TOMILLO; LOS GERANIOS, LAS AZUCENAS, LAS DALIAS Y LAS VIOLETAS: TODAS SE HABÍAN PUESTO LAS MEJORES JOYAS.

LAS ABEJAS REVOLOTEABAN POR ENTRE LAS FLORES DEL LIMONERO, DEL ALMENDRO Y DEL CEREZO QUE, MÁS TARDE, DARÁN SUS SABROSOS FRUTOS AMARILLOS, VERDES Y ROJOS.

VUELO RASANTE

Y, CON EL MURMULLO DE LOS COLORES, REGRESÓ LA VIVACIDAD DE LAS AVES QUE SOBREVOLABAN EL CIELO AZUL: LOS VERDERONES, LOS GORRIONES Y EL PETIRROJO...

LAS GOLONDRINAS BUSCANDO COMIDA Y REGRESANDO A SU ACOGEDOR NIDO. CONSTRUÍDO CON BOLITAS DE BARRO, HUMECIDAS EN EL AGUA DEL RÍO.

LAS LLEVAN EN SU PICO Y ASÍ, *VERSO A VERSO*, CONSTRUYEN SU PEQUEÑO HOGAR EN FORMA DE CORAZÓN QUE LATE BAJO LOS ALEROS DE LAS CASAS.

MANOS A LA OBRA

LA VERDAD ES QUE EN EL PUEBLO EMPEZARON A SABOREAR LAS PALABRAS DULCES Y SALADAS; TIERNAS, ROMÁNTICAS Y ÚTILES; BRILLANTES E ILUSIONADAS; ALEGRES, FESTIVAS HASTA REDONDAS O PICOSILLAS; ALGUNAS OSCURAS, OTRAS PRESUMIDAS... BUENO, BUENO, BUENO ¡QUE SE VAN A GASTAR!

ENTONCES, EN CADA CASA, SE DISPUSO TODO PARA LA MERIENDA.

RECETA DE DULCE DE LECHE

(DULCE URUGUAYO REGALO DE SUSANA SEBÉ)

INGREDIENTES:

LECHE ENTERA Y AZÚCAR.

EN LA PROPORCIÓN DE ¼ DE KG DE AZÚCAR POR CADA LITRO DE LECHE.

VAINILLA, 1 RAMA.

BICARBONATO DE SODIO 1/2 CUCHARADITA.

PROCEDIEMIENTO:

PONER LA LECHE, CON EL AZÚCAR, A HERVIR Y TAMBIÉN LA VAINILLA.

EL FUEGO (PUEDE SER ALTO O BAJO) SE VA CONTROLANDPO PARA QUE NO DESBORDE.

CUANDO EMPIEZA A HERVIR HAY QUE REMOVER, CONSTANTEMENTE, PARA QUE NO SE PEGUE.

LA LECHE, MUY LENTAMENTE, SE VA ESPESANDO Y EN ESE MOMENTO SE LE PONE EL BICARBONATO PREPARADO.

SE PREPARA PONIÉNDOLO EN UN POCO DE LECHE CALIENTE QUE SE SACA DE LA OLLA Y SE DEJA QUE

HAGA ESPUMA. DESPUÉS SE VUELCA TODO EN LA OLLA.

DE NO HACERLO DE ESTA FORMA PUEDE DESBORDAR EL DULCE.

EL BICARBONATO LE DA CALOR, EN CASO DE ESTAR MUY CLARO PUEDE AGREGARSE MÁS CANTIDAD.

EL DULCE ESTÁ PRONTO, CUANDO SE PONE UNA PEQUEÑA CANTIDAD A ENFRIAR, EN UN PLATO, Y TIENE TEXTURA DE CREMA.

SEGUIR REVOLVIENDO MIENTRAS SE ENFRÍA.

LAS CAMPANAS AL VUELO

CUANDO ESTUVO A PUNTO AQUELLA MARAVILLOSA CREMA DE COLOR CANELA, SE SACARON LAS OLLAS A LA PLAZA DONDE ACUDIÓ TODO EL VECINDARIO.

FUERON CON SUS CUENCOS, VASOS, TAZAS, POCILLOS. PLATOS, CUCHARAS Y CUCHARILLAS Y SE LLENARON CON LOS CUCHARONES Y EL DULCE CANDOR DE UNA RICA MERIENDA HIZO SONREIR A TODOS.

LA TOMARON FELICES Y SE REPARTIÓ PARA CELEBRAR LA FIESTA DEL MAR EN EL DÍA DEL CARMEN, PATRONA DE LOS MARINEROS.

EL CAMPANARIO PUSO VOZ AL VALLE DE AQUEL PUEBLO CONTENTO.

EL VIENTO CÁLIDO DESPEJÓ PUERTAS Y VENTANAS, VISTIÓ PRADOS Y JARDINES, ABRIÓ LOS CORAZONES Y LAS PALABRAS ANDUVIERON POR EL PUEBLO LIBRES, FELICES. PUDIERON CELEBRAR EL EVENTO POR TODO LO ALTO, A BOMBO Y PLATILLO CON LA BANDA DE MÚSICA, LOS GIGANTES Y LOS CABEZUDOS. Y, A SU PASO, CRECIÓ UN CAMPO DE MAÍZ.

A MAR ABIERTO

EN LA COSTA, APARECIERON UN SINFÍN DE BUFIDOS AL AIRE, EXHALANDO CHORROS DE AGUA Y ENSEÑANDO SUS SALTOS MAJESTUOSOS. ELLAS QUISIERON ACERCARSE PARA SENTIR EL CÁLIDO SUSURRO DE LA FELICIDAD

ERAN LAS BALLENAS, LAS BELLAS CANTORAS DEL MAR, HABÍAN VENIDO A AMAR.

DESPUÉS DE SALUDAR EFUSIVAMENTE, SE ALEJARON BATIENDO LA COLA, ABANICANDO LA BRISA COMO UNA SONRISA BELLA.

CON ELLAS, SE ABRIERON PASO LOS DELFINES, JUGUETONES Y ÁGILES, CHAPOTEANDO. BLINCANDO SU ESPALDA Y DANDO BRINCOS, ANTES DE SUMERGIRSE, PARA VOLVER A EMERGER Y RESOPLAR.

EN EL HORIZONTE NAVEGABA UN BARCO, DE BLANCAS VELAS Y ELEGANTE PORTE.

AL MIRARLO, A CONTRALUZ, SENTIMOS QUE ERA EL *BARQUITO DE PAPEL SIN NOMBRE, SIN TIMÓN Y SIN BANDERA* DE JOAN MANUEL. ASÍ FUE EL FINAL FELIZ DE UNA FELIZ AVENTURA.

Y... COLORÍN COLORADO,

ESTE CUENTO

SE HA ACABADO.

FIN.

ÁLBUM DE FOTOS

Mis padres Isidre Serra Forns, Carme Sala Carrió, mi hermano Antoni y mi abuelo, Gregori Sala Romaguera. Granollers, 1955.

Granollers, primavera 1956
Calle: Passeig de la Muntanya, Granollers

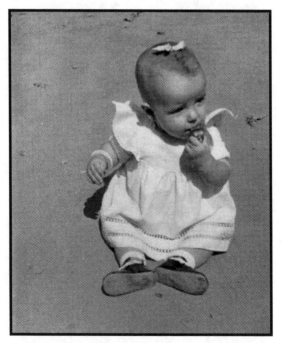

Probando sonidos nuevos

Con mi abuela materna, Josefina Carrió Cuscuela.

Pasos y risas.

En la estación de Francia de Granollers

Plaça de Catalunya, Barcelona

Juego con la cocinita en el patio de casa, 1959

Mi primer viaje, con el equipaje preparado, sobre el caballito de cartón, en el patio de casa.

Con la bici, en el Passeig de la Muntanya. Delante de la casa de la família Estrada Martas.

Juego de construcción en la calle con Agustín Sala. Delante de la casa de María, junto a las acacias.

Mañana de un domingo de verano en la playa de
Mataró, 1965.

Paseo en bicicleta en la calle: Passeig de la Muntanya donde había unos hermosos plataneros, talados poco después de esta foto.

Campamento de verano en Casa Nova en el Montseny,
organizadas por la Parròquia Sant Esteve de Granollers,
1967.

Foto tomada en el tren del Norte. Durante las vacaciones de Año Nuevo 1978, mientras era estudiante de magisterio.

Selfie, durante el entreacto en el Liceu de Barcelona, 2018. Aquí llevo dos años, felizmente, retirada de la docencia y dirijo las Aules Universitàries del Vallès Oriental.

ÍNDICE FOTOGRÁFICO

Detalle de una sopera antigua. Granollers.

Cocina tradicional del Restaurante Casa Palacio Bandolero. Córdoba, Andalucía.

Ermita de Sant Gil en su día de fiesta. Vall de Núria.

Selfie, en el Liceu de Barcelona

Contraportada: montaje y composición del fondo marino, con base de tela de algodón estampada con pintura de agua y conchas de mar. Elaboración y fotografía de la autora.

De esta poética de la infancia, que es una poética de la promesa, deriva la fuerza de la inocencia, la inocencia de de un juicio que no sanciona, de un oír que no clasifica, de una comprensión que no sentencia, de un ver que no mira con intención, de una caricia que no agarra ni pretende poseer aquello que toca. Llegamos por el nacimiento a un tejido de palabras, y entre ellas, parece que vamos siendo.

Fernando Bárcena